Alejandro Milián

Poemas

&

Una Mujer de Cristal

Publicado por
D'har Services
P.O. Box 290
Yelm, Wa 98597
www.dharservices.com
info@dharservices.com
dharservices@gmail.com
Phone: 786 837 4567

Derechos de autor © 2013, 2014
 Ángel Alejandro Milián Castañeda

Carátula© Xiomara García
Arte base para carátula:
Regalo al autor del artista Manolo Rodríguez

Segunda edición 2014 «Ampliada»

ISBN-13: 978-1-939948-14-4

Agradecimientos de este pequeño libro:

A Regina Ríos.

A mi madre, siempre.

A mi familia.

A Dunieski Jo Quintana, por confiar.

A Manolo Rodríguez, por este Hermoso Cuadro.

*A todas esas personas que ya no están, y me brindaron
su voz y alma.*

Más allá del cristal

Los reencuentros desempolvan la memoria, vienen con esa magia capaz de revivir el tiempo, esa magia la ha traído el joven Alejandro Milián, con quien tuve el placer de compartir momentos iniciales de mi carrera.

Encontrarnos hoy en otra realidad, lejos ambos de la Isla donde soñamos y jugamos al teatro, ha sido todo un desafío, un encuentro virtual mediante un chat frío e impersonal, pero que agradezco, pues ha llegado a mí este cuaderno que me recuerda al poeta en germen que una vez tuve tan cerca y a quien le escuché, sin prisa, el ensayo de sus primeros versos de adolescente, los que hoy tienen otra carga, otra sustancia.

Desde sus versos hasta la prosa del texto teatral que cierra el libro, descubrimos a un poeta desnudo, sin tabúes, que nos ofrece su mundo más íntimo, lo comparte sin pudor, sin el temor de ser criticado, es poesía nacida desde las frustraciones y pérdidas del poeta, hay mucho de soledad, de espera por ese amor que no llega.

"A mi espalda llevo un desierto de desilusiones".
"Lágrimas de hielo a mi espalda llevo".

Cristal, es el adjetivo que ha elegido para agrupar esta publicación poética, acertado por su transparencia y también por su fragilidad, una fragilidad que se advierte en el sujeto, que se pierde por momentos pero que al final de los poemas reaparece no para inspirar lástima sino ternura, para reclamar comprensión. Pero también estos versos son de un cristal resistente por todo lo que soporta el poeta, por lo que nos muestra de su ansiedad y de su tiempo en espera, solo capaz de soportarlo quien es fuerte como un cristal grueso, firme, casi blindado para no ceder.

> *"Entiendo del mar sus cantos y fantasmas,*
> *Pero no, esta noche no.*
> *Ni una sola palabra"*

Las imágenes en sus versos remiten siempre a ese amor del joven que comienza a descubrir la vida, que falla, que odia sin malicia, que guarda rencor pero olvida ante la inminencia de un beso, que se derrumba ante un abrazo. Son figuras recurrentes, la luna, la noche, las estrellas y el mar, elementos o espacios que lo han marcado por su condición citadina, también sueña con atardeceres y nos transmite su calma, recordándonos que a esa hora, cuando el día va a descansar, el poeta encuentra nuevas musas.

La juventud del poeta y sus inexperiencias pueden palparse en el espíritu de la obra, perfectible a su vez, mucho más cuando es arte salido de los impulsos de quien escribe sin el oficio de un poeta maduro, sino guiado por la prisa que le dictan los días y la propia vida, por la necesidad de parir sus emociones sea como sea.

Sí un mérito innegable tienen estos versos, es su originalidad, su pasión y virginidad ante los ojos del oficio. Son poemas transparentes como el cristal, frágiles y filosos además.

VIII

El texto teatral que cierra el cuaderno, savia del mismo árbol, nos lleva a ese poeta que es, primero actor. "Mujeres de cristal", es su cosmos ficcional, el mundo creado en las tablas, sus personajes, lo femenino que lo acompaña, que lo complementa, el yin y el yang.

Escrito como un largo monólogo en prosa poética y versos libres, el texto nos muestra a una y varias mujeres al mismo tiempo, mujeres del teatro, cercanas al autor, creadas por él para complementar sus procesos creativos, para alimentar su ego tal vez, pero al final para crecer como artista. Es un texto donde volvemos a encontrar las ansiedades y las desilusiones, pero ahora con otra voz, una voz más antigua, femenina, que bien pudiera llamarse Mercedes o Cecilia, una voz que se apodera del poeta y lo lleva como en un trance para revelarle sus deseos más íntimos de ser otra, de volver a empezar, de abandonar la rutina que implica ser un personaje del teatro y vivir, vivir en carne y huesos más allá del telón final.

No queda más que acercar nuestra mirada y agradecer al poeta, porque desde este instante, seremos parte de su intimidad, esa que ha mantenido oculta más allá del cristal.

Dunieski Jo Quintana
Dramaturgo y director de teatro

Índice

OBRA TEATRAL

Poemas

I

Desenfrenadas, las ganas de besarte.
Como si no te tuviera nunca más.

Entonces comienzo a vivir
sintiendo despojarse mi pecho de recuerdos.

Amanece, descubro mi pálido semblante
como si hubiera hecho de mi sueño una verdad.

Tiempo inagotable de caricias al vacío,
de sed, por encontrarte debajo de mi cuerpo.

Un laberinto de salidas y entradas rotas
quedando fuera del espejo,
mirándome fuera de mi calma.

La almohada sola,
mi sábana húmeda,
mis siluetas regadas.

Amanece, descubro mis manos engarrotadas,
como si hubiera hecho de mi sueño un puñal.
Rómpete pecho de espuma,
rómpete, echa a volar tus ansias.

Cuando estemos solos…
cuando esa vela queme su aliento,
cuando caigan mis rodillas frente al altar,
cuando cruce el mar…
amaneceré.
Mientras,
seguiré durmiendo.

II

¿Quién dice que amé?
Yo amaba
los sueños, las palabras,
los gemidos insatisfechos…
la cárcel de la Soledad.

¿Soy acaso un fantasma?
Soy un fantasma sin vida…
con aliento de muerto…
ese, que tanto ocultan.

Sufro el no poder asomarme a un espejo.
El vagar por las puertas que no conducen a ningún sitio,
el no poder siquiera darle un beso a mis seres queridos.
Hablan con mi voz imitando mis tragos
y esa tos de cigarro falsa.
En verdad existo…

Dejé de existir para muchos…
soy recuerdo, un nombre pasado.
Sólo un nombre y retrato.

III

Noche de frío, donde al final dormiré solo.
Esta noche, necesito de unos labios tibios,
de un abrazo que cubra mi espalda.
Al final, dormiré solo.

Esta noche, donde al final soñaré solo,
pido que no te vayas, que te quedes un rato más,
en este sueño.

La brújula de los recuerdos se ha estancado.
La madrugada, acaba.
Amanece y despierto solo.
Sin alegrías ni suspiros.
Amanece.
¿Vivo?

IV

Confieso que he sido amante de la madrugada,
de la arena gruesa que mojó mis pies
en el mar de Matanzas
donde dije mis secretos y delirios,
donde fui en busca de la Luna.

Quise olvidar la noche,
los juegos del adolescente,
sin mirar más allá.
Confieso…
Allí, cometí errores.

V

Caricias otoñales recorren mi espíritu
indomable.
Caricias de boca hambrienta
salivando mi pecho desnudo.
Sentado, justo en el momento
esperado…beso:
blancura que enceguece para quien lo habita.
Corren, carnívoras, y mutiladas caricias.
¿Dónde pongo mis manos para que se hagan de hielo?
¿Dónde?
Caricias otoñales recorren mis muslos,
debilitados ya de tanto amar.
¿A qué horizonte culpo?

VI

Sé su nombre
sin saber su rostro,
andante presuroso
sobre recuerdos en la arena,
sin saber si ha nacido del invierno,
o si existe su nombre en otras tierras,
confundido en el material antiguo que saborean mis manos.
Mirada fija que palpita sin ser vista.
Presencia de fantasmas y ángeles.
Sílabas del pasado,
de la espera dicha por oráculos.
Sin saber que temo del final abrazo,
lucho con los poderíos y tristezas.
Continente de cantos,
violines y refranes,
su nombre encierra.

Rebeca.

VII

Llevo a mi espalda una cicatriz, una raíz muerta, un rosario.
Llevo a mi espalda una novela publicada en el ocaso.
A mi espalda llevo colgado un cuchillo de porcelana.
A mi espalda llevo un desierto de desilusiones.
Lágrimas de hielo a mi espalda llevo
con un bolero hecho de armadura frágil.
Llevo a mi espalda una sombra que de cenizas se alimenta.
Poco entiendo tal vez de la miseria…
quizás no nací para ella.
Poco entiendo de amores falsos,
quizás nací para ser cómplice.
Entiendo del mar sus cantos y fantasmas,
pero no, esta noche no.
Ni una sola palabra.

VIII

Ven,
acércate y toma mi mano.
Deprisa,
no demores.
Puede que un instante deje de sentirte.
No,
no llores.
Seca esas lágrimas de inocencia,
crece ante mi naufragio.
Silencio,
ni una palabra de lo que ves.
Quédate con este recuerdo,
observa mi pecho desnudo.
Lo sé, lo sé.
Es tarde,
demasiado tarde
para arrepentirme de mis culpas.
Pero aún me quedan palabras.
¿Acaso así limpio mi espíritu?

Toma,

te la regalo,

podría ser tuyo si me recuerdas.

Mi memoria.

Ahora vete,

déjame solo.

Quizás así

podría seguir escribiendo poesía.

Si te quedas,

Si me dices una palabra que me llene de deseos.

Muero.

Anda, mírame y quédate en las sombras.

No te hagas luz entre las lunas del firmamento.

Déjame solo.

IX

He llorado tantas veces por no poder acariciar tu rostro.
Lanzado al aire los besos más inquietantes,
he corrido por las calles mojadas de tanta lluvia.
Suspiros.
Tormentos.
Invado mi presencia con soledades extravagantes.
He visto tanto humo en mi cuerpo.
Pienso en mis pupilas,
Sin colores.
Sin el aliento de los enamorados.
De las tardes
tomé un poco de soledad,
una pequeña sonrisa,
un sueño que adormece mis encías.
Esperé lo necesario,
me pregunto, cuánto me falta.

Desperté,

y a mi lado,

el espacio vacío.

Un poema casi olvidado por no haberlo escrito a tiempo.

Esperé lo necesario,

me pregunto: ¿habrán hecho lo mismo?

Las calles saludan a mi paso,

no encuentro vida en lo cotidiano.

Mis pupilas dilatadas,

la garganta seca, llena de humo.

Mis manos, atadas a mi espalda.

Sigo estando solo

X

Se agotan las notas musicales,
vuelve a intentarlo
con más bríos en sus sueños y ahora sin poder saciarlos.
Queda un recuerdo que no encuentra,
se sumerge en las ideas y violenta las cuerdas.
La madera quebrada canta,
su barbilla suave
no es más que una nube de poros secos.
Dedos inquietos con uñas de polvo
rozan la espalda del violín.
No es más que madera.
No es más que espera.
Vuelve a intentar nuevas ilusiones.
Vuelve a posar sus ojos en la partitura casi terminada.
Tormento cruel que lo agita,
pecho de espuma.

Anochece en un cementerio de puentes y orquestas,
laberinto de espejos.
Rechaza la sospecha de que se ha quedado ciego.

No alcanza la libertad,
quiere tomar bebida de ángel.

Insiste su Dios en que lance una nueva pieza.
La Pluma Dorada se convierte en un enemigo de doble filo.
Guardián de su cárcel.
Estudia una nueva frase, se equivoca,
nota tras nota enloquece.

¡Oh, Violín sordo, embrujado de melancolía!
Dame una nota única,
dame el deseo de seguir viviendo.
Veneno de musas.
La Inspiración se derrumba,
¡Oh Violín desesperado!

Respiro nada más que tú aliento y sombra
No quiero quedarme con miedo a perderte nuevamente.
Regresa.
Regresa Violín de Ángel,
Regresa musa de la música,
Regresa nube de ideas,
Regresa.

XI

Sonrisa culpable,
Insensata a su vez.
Manos revueltas en hojas blancas
manchadas de tinta a su vez.
A su vez, ojos luminosos que ven las palabras.
Café.
Caliente.
Nostálgico.

XII

Tus besos.
Tus caricias.
Tu respiración.
Me llenan de paz
Tus manos.
Tus ojos.
Tu azul.
Me llevan al mar.
Pero cuando estoy sin ti
me siento tan infeliz.
No tengo ni encuentro razón
para vivir sin ti.

XIII

¿Cuándo renacerán los sueños?
¿Cuándo volveré a soñarlos?

¿Cuándo retornarán los días ya escritos?
¿Cuándo volveré a leerlos?

¿Cuándo viviré mi tiempo?
¿Cuándo?

XIV

¡Qué amarga la nostalgia!

Una sombra saborea mi memoria.
Quiero arrancar mi pasado,
mas, no tengo lugar ni espacio,
quiero arrancarle su voz para que no me culpe susurrando.
Quiero enloquecer en la ternura del presente,
cegar las salidas, cubrir de misterios un sueño.

Es amarga la nostalgia,
desaforada, hambrienta.

XV

¿A dónde ha ido la mariposa de mis sueños?
¿Qué otoño tendrá como nido? ¿Aún no se despierta?
¿Qué sueño es ése, tan inmenso
que no le deja reposar sus alas?

Suspiro por escuchar su melodía, su música de respiro.
¿Cuántas veces, decir mariposa, será suficiente
para que descanse y me responda?

En la espera acumulada, le sueño como tantas veces,
le reprocho su tardanza, su culpable despedida, apresurada.
¿Dónde estará la mariposa de mis sueños?
Mariposa quieta, dibujada entre tantos adornos
y alas rotas llenas de viajes antiguos.

Mariposa.

XVI

Quisiera tenerte en ese instante
en que el sol se despide de las margaritas,
acurrucar mi pensamiento a tu sueño,
sentirme libre, preso en tus labios,
y no despertar por un largo tiempo.

Quisiera tenerte en el suspiro,
en el naufragio,
en la inocencia y el recuerdo.
Amarte aunque no me enamore,
aunque me ahogue de soledad infinita.
Pero amarte en la espera de otro día,
indefenso ante tu abrazo.

XVII

De la noche un Poema,
de la noche un presagio
que no se arrepiente de ser hallado.
De la noche una palabra de vida.
De la noche,
una conquista perdida.
Un recuerdo sin brisa.
De la noche,
un alegre canto,
un amuleto y un beso a escondidas.
De la noche,
tu poema.
Tu ausencia.

XVIII

Mi suerte fue hallarte,
sentirte mía mientras el mar se alojaba en mis poros.
Mi suerte fue decir tu nombre a tiempo
y que quedara en mis labios para siempre.
Mi suerte fue consolar al viento dedicándole tus palabras.
Mi suerte fue escribir una carta antes de despedirme.
Mi suerte es mostrarle al mundo que existes.
Mi suerte es el tiempo que no nos deja solos.

Cuando no bastan las palabras

Cuando el inmenso mar es habitado por palabras
nuestras…
Cuando en la noche nacen las estrellas…
Cuando en la mirada lejana existe vida…
Cuando tus manos hacen de mi una idea…
Cuando yo me convenzo de que amo sin límites a tu
presencia…

Cuando el inmenso mar es habitado por tu sonrisa
las nuestras se unen como una ola que choca contra las
piedras,
dejando su huella, dejando su vida.

Cuando en la noche nacen las estrellas,… y alcanzamos
vernos
allá, a lo lejos, sentados quizás mirando la puesta de sol, la
que ya no existe.

Cuando en la mirada lejana existe vida, estamos ahí para
beber de esa piel que nos toca
y nos hace vivir más nuestro tiempo, nuestro destino.

Cuando tus manos hacen de mí una idea, y voy creciendo con
tus sueños, con tus frases y sonrisa,… nunca pierdas esa
sonrisa que tanta falta me hace.

Cuando yo me convenzo de que amo sin límites a tu
presencia,… solo necesito una noche, a tu lado, no pido
tanto, solo una noche que sea eterna.

La danza de la espera

Anda, corre, se alimenta de nuestros poros,
Juega, canta vive de nuestras esperanzas…
Camina por encima de nuestras manos
y quiere ser doncella de nuestro cuerpo.
Anda, corre se alimenta de nuestros sueños.
Juega, canta la melodía de nuestras almas.
La espera, danzando va de vida en vida, de camino en
camino
de sueño a sueño, de mar en cielos,
de palabras a mentiras, de verdad a lo lejano.
Anda, corre, se alimenta de nuestro propio espacio,
juega, canta sabiendo que nos hace daño.
La espera danzando,
danzando su propia espera…
Por eso no se marcha,
porque no quiere quedar sola,
habita en nuestros pechos como esa canción que siempre
llevamos dentro.
Espera danzando ella misma,
ella danzando muere,
esperando su partida…

Mis frases de un día

Pobre ángel, sabiendo su muerte.

Pobre Dios, que no supo evitarlo.

Pobre Luna que con sus lágrimas me canta.

Sol de mis noches

Ángel de mi existencia

pedazo de mi infancia,… acurrúcame en tus senos.

quiero volver a ti, nunca me he ido antes.

Estoy en ti, como yo en ti.

Amor de mis amores, palabra de hombre, palabra de mujer

sabia.

Amor de mis noches.

Amor de mis días,

amor de mi silencio.

El culpable es el mar, que no puedo bebérmelo.

De la noche un poema

De la Noche un Poema,
de la noche un presagio
que no se arrepiente de ser hallado.

De la noche una palabra de vida.
Una silueta sin rostro,
una silla vacía.

De la noche una conquista perdida,
un recuerdo sin brisa.
De la noche un alegre canto,
un amuleto y un beso a escondidas.

De la noche tu poema,
tu ausencia.
Son mis manos las que escriben,
las que desean rasgar la tierra y ahuecar mi pecho para
meterse dentro.

Son mis manos las que rezan
por tu boca.
Las mismas manos que tanto te extrañan, más que tanto.

No preguntes

¿No preguntes por qué?
Si existiendo aún dentro de mí,
no encuentro razones para llevar mi nombre.
Yo que escribía horas y horas en las paredes de mi soledad,
como sería nuestro primer beso.
Tendí tantas veces mi cama con pétalos de rosa.
Y hoy a las tantas horas,
apareces como las mariposas
y se desborona mi sueño.
Entonces me pierdo.
¿Y el amor dónde quedó?
Has hecho crecer mi pasado
y me has matado el presente.

Soy

¿Qué crees que soy?

Un errante, un caudal de pensamientos vacíos. Una
mazmorra envejecida, de huellas tatuadas, como la desdicha.

¿Quién te crees que soy?

El hombre prematuro a las puertas del amor.

El ídolo constante de la muerte, una razón menos poderosa
para amarte.

Qué tiempo me dedicarás para cambiarme.

Te propongo combatir la nostalgia, la locura que nos irá
consumiendo, aplacaremos el terrible sueño, pero no
confundamos el amarnos siempre.

Vendo la Nostalgia

Cúbreme las manos
y ata mi pensamiento
a tu sombra.
Viste de azul
tus uñas y tu pelo.
Hoy recordaré mis sueños.
Dame la luz
y ciégame.
Bésame
acaríciame con tu voz
y sonreiremos.

Luces

He de tomar el frasco y envenenar el silencio,
despojar la tristeza de muerte.
He de tomar el frasco, yo mismo.
Enloquecer de placer, embriagarme de su sombra.

Qué sería de este mundo sin tu presencia, sin esa sonrisa tan
llena de recuerdos y sabiduría.
Qué sería del amor sin haberte conocido.
De la madrugada ahogada sin espera.

Qué sería de mí, sin la nostalgia y la esperanza de que algún
día seamos flores, príncipes o rosas.
Me volveré a enamorar.
Sentiré esa ceguera temporal.
Ser como ese ser que siempre quise ser.

Mujeres de Cristal

Obra Teatral

En el espacio hay una mesa donde se servirá el té.

Hoy la necesaria comunicación entre los seres humanos se ha perdido, soy tonta en creer, que aún existe, yo, defensora de la mujer, por el simple hecho de vivir la vida como he querido, lastimando oídos con mis baratas plegarias. El mundo está revuelto, mi pensamiento también sufre de ese mal. Yo soy de armadura frágil, temperamento de tinta, voz sin salida y sin saliva, me estoy convirtiendo en la oscura sensación que deja el vacío, la interpretación del tarot hacia la muerte, ¿Qué cambiaría si fuera distinta? ¿Qué cambiaría mi destino, si tropiezo con las mismas personas a diario? Y todos viven felices, en sus cuartos, fríos, sin hombres, sin asilo.

Qué tendría que hacer yo, para quedar en la historia, en los libros, cómo inventar esa palabra que no se ha dicho, decimos, amor, te extraño, te necesito, y estoy harta de escuchar lo mismo, hay que inventar un nuevo diccionario o una nueva lengua, el lenguaje del cuerpo, ese que se ha convertido en caricias sin manos y hacer el amor por capricho, coño yo quiero una mirada que me estremezca, que haga vibrar mis sentidos, que haga delirar y pensar al menos que viajo a la luna, y que regreso con las manos vacías y tan llenas de felicidad. Quiero tocar ese polvo que existe en la nieve, quiero tocar la nieve, conocer su olor, conocer qué hay detrás de ese muro que tanto nos obligan a mantener cerrado, quiero cruzar esa puerta que me lleve al sol, y quemarme.

No, no somos tantos, somos tú y yo, somos como la escultura, de piedra, y por dentro, tiernos, qué signo eres… yo cáncer, y tú… aún no me lo has dicho, seremos compatibles. O no. Tú serás… libra, obsesivo con tu trabajo y ambiguo con tus decisiones, qué hay que hacer, empujarte… hacerte daño para que reacciones y sientas que soy la mujer que te alimenta en las noches, la misma mujer que guarda un espacio en la cama para que cuando aparezcas, te derrumbes sin decirme palabra. Soy yo, la que un día te va a dejar sin palabras sí, sin vida, por egoísta. Y así no quiero ser, no me obligues carajo a ser lo que no quiero… no me obligues, yo soy una simple criatura de Dios que vino al mundo a recibir y brindar amor. Y tú no te das cuenta. No te percataste nunca del amor. Me dejaste atrás con tus maletas y amuletos, me dejaste sola noche tras noche, joven, callada, solitaria y artista que nunca supo tocar el piano, ha pasado tanto tiempo y mis manos… y esta sangre… y esta maldita sangre y este castigo de humo que me desvela… por qué fumo… qué hago en este escenario…. Qué hago de mí… Recordarte.

(Fumando) Sí, es cierto, una vez que comienzas no lo dejas, o quizás sí, pero es casi imposible. El artista para crear lo necesita, junto a la taza de café, que es un agregado inseparable. Cuando salgo de casa y no estoy con él, siento que me falta el aire. El humo adormece mis sentidos, solo para no sentir el ruido de la calle, olvidar lo que realmente soy. Y soy como muchas, como tantas, soy tan común… ¿Cómo ser otra? ¿Cómo escapar del maleficio? Es tan cruel, es tan estúpido, es tan extravagante y sensual… es tan vergonzoso y a la vez de clase…Es como sentir su piel sobre mi cuerpo, sentir sus manos que me acarician, sentir sus ojos que me miran… lo extraño…Y estoy tan sola.

Hazme reír con ese cuento, sí, fuiste fiel, mientras estuviste en la barriga de tu madre, conmigo toda la vida has sido un hipócrita. Caí en tu red desgraciado, caí en tu trampa mal agradecido, caí, caí, y vuelvo a caer por tonta. Me llevaste tantas flores al camerino, me alcanzaste cada flor que lanzaba un espectador, y las guardabas todas, para después echarme en cara que no soy más que eso, una ilusión para los hombres. Soy tan joven y callada, soy tan inocentona, quién me iba a decir que a mi edad, tuviera yo un orgasmo… eran náuseas coño, náuseas. Dices, cientos de veces…Eres como la espuma, que juguetea con las olas del mar, choca contra las rocas, la espuma radiante, hermosa, blanca, pura, y todo se esfuma, dejándome con el sabor a sal, amargo.

Ay…esos años de la infancia en que todo te lo hacen, no necesitas más que llorar… ahora odio llorar, nadie me escucha, nadie me hace daño, solo yo misma. Actuar es un arte, cantar es un arte, bailar es un arte, la vida es un arte, pero llorar en público, es tan difícil, es tan terrible ver al espectador que se levanta porque no lo convenciste, y tú sufriendo, como buena artista. Al final es mentira, y los aplausos son mentira, ¿Te alimentas del aplauso? Quédate quieto, no respires, transita de la sensación de vida a la muerte, ahora, respira. ¿Ves?

No moriste, pero en el escenario hay que morirse, es como ese instante en que despiertas de la pesadilla, despiertas de una piel para entrar en la otra… quédate quieto no hables, no digas nada…Por eso fumo, para no llorar, para no reír, para seguir fumando.

Justificaciones y más justificaciones, humo y más humo, trago tras trago, yo soy como Hamlet, que duda, soy como Otelo que cela, soy Desdémona que muere. No, no le temo a la muerte, le temo a vivir. ¿Vivir? Aquí. En el escenario, hace tanto tiempo que no veo mi foto en un cartel, y mis búcaros con las flores secas, casi de museo, como todos, vivimos en el museo de las lamentaciones. Yo no le temo a la muerte por ejemplo, le temo a la soledad, que es peor, soy tan joven, tan callada, conociendo los pesares del futuro. ¿Qué sentimientos depara el destino para mi vejez? Morirme no será la cura. La soledad, es la mala consejera y compañía, es la mala, todos dicen que yo soy la mala, pero no es mi culpa, me han enseñado los hombres.

Esta es la taza de té, que se rompe y no corta tu piel, solo vuelves con tu líquido hecho polvo, está en la mesa servida una botella de champagne cigarrillos dorados y un poco de azúcar, invento las historias más frenéticas para olvidar quien soy, la música suave vuela por las cortinas de encajes, acaricio el pelaje de mi gato y mi anillo se ha quedado en mi alcoba, a la francesa tomo mi bebida, pasa por mi garganta como una pluma que se desliza por los pasillos, entra esa luz por el cristal roto, fue la última vez que vi a un niño, con bandejas de plata y vajillas de porcelana, marco mis labios, dejo mis sueños. ¿Acaso cuando entren por esas puertas, las noches, seguiré siendo una doncella? ¡Ah caramba!, olvidaba mis poemas, acá están retirados ya sin amores ni promesas, qué peineta es esta que me aprieta tanto, mis guantes empolvados, pero siguen siendo guantes hermoso, sonrisa de mujer madura, sonrisa de muchacha fiel aún esperando, cuánto tiempo ha pasado para mis senos, cuánto espacio en mi almohada, cuántas vidas he dejado, conocerme, yo misma, casi nunca ha llegado ese olor que penetra y quema mis sentidos, enloquecer, envejecer feliz, sola, con tantas habitaciones y sábanas nuevas, pudriéndome en un frasco de tiempo, en una metáfora perdida sin poetas, sin guitarras y sin compañía.

En fin, el mar… Te acostumbras a todo, al día, al anochecer… algo hay que hacer, que sea diferente o al menos intentarlo… fumar por ejemplo, no lleva a nada, pero con él te puedes imaginar un buen hombre que te invita a una cerveza, una cita en la playa, y que te haga olvidar la muchedumbre del reggaetón y el alcohol a toda hora… un buen hombre es como ese sueño inconcluso… defectos que desaparecen con el amor… y esa palabra es tan extraña hoy. Extraña me han visto siempre, por ser tan joven, tan callada, si aprendieran al menos a escuchar el silencio de una mujer, comprenderían que nosotras no solo pensamos en el vestido que nos pondremos, el silencio es algo necesario, ahora mismo, hagan un minuto de silencio, y se preguntarán por qué. Háganlo, y traten de no pensar… el que lo logre, será feliz. Pero no, la felicidad no es tan completa, ahora mismo, llevo en mi vientre una criatura que apenas se mueve, pero sueña, y yo sueño que el crecerá un día y ese día en que despierte y diga mi nombre será lindo sí, pero cuando pida lo que no puedo ofrecerle… solo un abrazo y el hasta mañana que luego se convertirá en hambre…

Sueña con amaneceres felices.

Ama sin ocultárselo al cielo.

Juega con la Luna y se mira en su reflejo,

Mantiene sus manitos cerradas para que no se le vaya la suerte,

Besa su almohada y toma su sábana, acurrucándose duerme,
Entonces vuelve a nacer una sonrisa.

Lo tienes todo, y a la vez, le debes tanto.

Suenan las campanas de la miseria.
Avanza ante ti, la razón.
Un pueblo que oculta su mirada
al horizonte y a la luz.

Suenan las campanas del recuerdo.
Avanzan los pasos y el señor.
Las cruces esta vez son de agua.
El destino es de color azul.
No hay tiempo de soñar, solo tiempo de verdad.

Suenan las campanas del silencio.
Las paredes se derrumban ante el sol

La sonrisa del privilegiado… el que me ofrecía amor a escondidas amor carnal, tan carnal que de recordarlo me da vueltas y vueltas la cabeza y me duele la mano de apretarla contra su espalda, no quise hacerlo, solo probarlo, y en esa probadita fue mi error, el error más terrible de mi vida, acostarme con un hombre que después se convirtió en castigo. ¿Tendré semejanza con alguien? Mi castigo será no poder cerrar los ojos. Será el misterio, el destino, o el mismísimo demonio el que me lleve de la mano. O ese humo que tanto aspiro y hace escasear el aire para vivir. No soy santa ni bohemia, soy histeria personificada, calma dentro de un vaso de agua, pero al soltarme a las olas, soy el remolino de aspiraciones más frustradas que existen. Soy el camino que se ha transitado tantas veces, que aun, siendo el más largo, lo prefieres porque lo conoces. Ese que es un desconocido, me reconoce porque soy su sombra. Han sido tantas las rosas que no le perdonan al capullo que nazca después. Han sido tantas las equivocaciones y el miedo. Ha sido tanto el dolor para aquellas que como yo, han perdido un hijo que tanto soñé alguna vez tener, pero el hombre nunca resucitó mi apetito. Nunca ha sido tan cruel el destino, cuando me abandonaron en una calle polvorienta y sedienta yo de un beso. Y me hice artista en un cabaret junto a un hombre que tocaba piano.

¿Alguna vez se han preguntado, cuál es la salida? ¿Alguna vez se han mirado a los ojos y el espejo les ha dicho, coño qué vieja te estás poniendo? ¿Alguna vez se han dado cuenta que están vivas aunque los sentimientos se agolpen tras una puerta, y no sepas cuál escoger para colgártelo como vestido? Ojalá hubiera conocido antes el amor, quizás no hubiera estado tanto tiempo perdida en su búsqueda. Apareció un buen día, y quedó. Soy testigo del tiempo.

De las costumbres

y del amor insatisfecho.

Soy del andar desconocido

del poema que no he escrito.

De la melodía menos cuerda

aprendí los suspiros.

Día tras Día,

noche tras Noche,

segundo tras Segundo,

tiempo tras Tiempo,

sin Caricias.

Ni labios.

Reconozco que mi lugar

es el lugar donde todos,

ya han amado alguna vez.

Los caminos,

solo un poco de sal al mar.

Soy, esa mujer que en muchas vidas

ha querido olvidar,

pero en esta,

aprendí a renunciar a la muerte.

Era virgen ante el altar…

Con una sonrisa hermosa.

Con una mirada triste

y manos de seda...

Juré en papeles y firmas,

ante un ángel,

amor de porfía.

Sola, con un juego de porcelana antigua

quedé en la historia, pose de mujer

que entrega sus sueños.

Lágrimas de un instante

convertidas en cenizas luego.

¿Qué pensamiento lejano y hábil

acurrucó mi lengua?

¿Y mordí con filosos dientes el nombre prohibido?

Quizás, en algún instante

entre bailes y cantos...

Aplausos y delante de nadie,

en ausencia…

Pedí perdón.

Crucé los brazos

y miré la Luna.

Pronto amanecería.

Vestida de reina,

vestida con mi mejor perfume,

olvidé mi promesa.

Dejando del otro lado de la orilla

una vida, que pronto dejó de serla.

Moría de ausencia y tristeza.

No fue mi culpa, era tan joven y tú mi virgen, me perdonarías.

Amor, de lejanía, amor de cartas, amor de prometidas veces la luna, el mar y todas las constelaciones, y al final, el olvido se adueñó de todo, hasta de los suspiros. ¿Y quién tiene la culpa? Yo, nosotras, ¿Quién se siente culpable por la desdicha y la derrota?, ¿Quién tiene en su mano, la razón de la pobreza, quién pretende controlar las palabras cuando es tan cruda la realidad? ¿Quién se calla por un instante, lo que piensa y lo que sueña? Yo, nosotras. ¿Alguien? ¿Y ahora?

¿Dónde guardo mi verdad?

¿En qué sueño habitarán mis deseos?

Si te me vas y me dejas sin aliento.

Tan ilusionada que vivía,

con el derroche de poesía.

Con las manos tan llenas de soledad.

¿Y ahora?

Cuando es el momento de soñar

y me veo tan solo como de costumbre.

Tan despierta y con ganas de besar,

me haces falta como la paz.

¿Dónde guardo mi verdad?

Si ando esperando un segundo

para recordar el último abrazo

una mirada cómplice

y el café desayunar.

¿En qué sueño habitarán mis deseos?

Si me dejas al abismo,

con las promesas a medias

y el alma de locura cuerda.

Que deseos de gritar tengo HAMBRE,

tengo SED de libertad,

tengo FRÍO de esperanzas

y SUEÑO con Ciudades eternas....

Quiero apoderarme de tus sentidos.

De tu saber,

de tu tacto y de tu sexo.

Tomarlos como vino tibio.

Reposar en la historia de tu pecho

amar a una almohada y soñar tus sueños.

Quiero descansar,

necesito de tus labios,

de esa tormenta que fabulan tus caricias.

Necesito un poco más de ti,

aunque nos falte tiempo para entenderlo.

Ya es tarde y cierto es el destino…

Amamos sin saber motivo o espera de algo a cambio.

Que difícil vivir sin tu presencia,

qué garganta te nombra cuando no soy ya un cuerpo… y quedo como alma…

Qué manos… qué labios… qué sonrisa me llenará de miedo antes de cruzar palabra…

Qué será de estos poemas… qué será de mí… si estás tan lejos de ser verdad.

Sorbo a sorbo se hace de hiel.

Trenzo las palabras para que no se culpen a sí mismas.

Nombro otro cielo

con otras alas

con otras gargantas

y con un poco más de fe.

A mis espaldas

Una sombra pequeña…

Una lluvia que regresa.

Cansado,

solitario y hermoso.

Nacen las estrellas sin ojos.

Relámpagos sin dueño

caen y mueren.

Mares desconocidos navegan en busca de agua dulce,

buscando la noche…

Buscando calma.

Misericordia

resurrección

gracias

mentiras tras un cristal.

Caricias vacías.

¿Volver? ¿Amar? ¿Aún es posible? ¿Aún es verdad?

Sueños… Sueños de Sueños… Sueños.

El alma reclama tus ojos…

Es un grito constante de sabiduría y pena,

una metáfora que habita en lugares oscuros

cuando tu ausencia es desconocida, plena.

El reclamo de las manos en movimiento oblicuo,

al compás de una tonada cantada a piano.

Sonrisa de presente, colmando las mañanas.

El transparente ocaso,

la noche desafiante.

El alma reclama tus ojos.

Tu mirada delgada, tus colores y olores a melancolía.

Desafiante, desafortunada.

Es tan triste que vuelvas de ese modo,

que derrumbas mis pupilas

y beses mi espalda,

que me roces con tus manos frías y me digas que me
extrañas,

cuando en realidad nunca quise verte,

te tuve delante tantas veces

 y te juré olvido.

Ahora estás delante de mí,

y hasta te hago un poema…

Qué vida es ésta que nos hace romper promesas.

Ya tus locuras de adolescente fueron pasado,

mis metas se cumplieron.

Algunas llegan con el tiempo…

¿Y tú?

¿Qué has hecho?

¿Cuántos anhelos?

¿Por qué vuelves?

Hace un instante era tan feliz,

y has cambiado mi rumbo,

mi talento.

¿Estoy realmente tan sola como de costumbre?

Creo que sí,

creo que me estoy poniendo vieja,

y no me quedan ya versos ni rosas.

Y estás aquí,

con tu sabia soledad,

con tu temperamento de tinta.

Quiero ser otra mujer, con otros ojos para no recordar lo que viví, lo que soñé, quiero un nombre nuevo, un personaje nuevo que interpretar, que no sea trágico ni tenga que preparar una mesa a diario con las mismas tasas imaginarias. Quiero una canción escrita para mí, y no esa que es para tantas. Si me cumplieran ese deseo quizás podría ser feliz. Intentarlo en esta vida ya es demasiado. Es imposible ser distinta ya. Así nací, crecí y me enseñaron las mismas costumbres de mis antepasados… eran tan felices. O al menos eso me contaban para que cumpliera mi saber sin réplicas ni gritos de inconformidad. Somos tantas las mujeres de cristal que se rompen por querer desempolvarlas. Y esta es nuestra historia. La misma que te puede enamorar y hacer que me odies, pero no importa tú serás siempre mi humo predilecto, mi fantasma.

Se vuelve a servir la mesa de té

Apagón

www.ingramcontent.com/pod-product-compliance
Lightning Source LLC
Chambersburg PA
CBHW031613040426
42452CB00006B/507